낭송

사자소학

낭송Q시리즈 샛별편 낭송 사자소학

발행일 초판1쇄 2018년 8월 22일(戊戌年 庚申月 丙戌日)
풀어 읽은이 김고은, 이수민 | **펴낸곳** 북드라망 | **펴낸이** 김현경 |
주소 서울시 종로구 사직로8길 24 1221호(내수동, 경희궁의아침2단지) |
전화 02-739-9918 | **이메일** bookdramang@gmail.com

ISBN 979-11-86851-80-7 04080 979-11-86851-17-3(세트) | 이 도서의 국립중앙도서관 출판예정도서목록(CIP)은 서지정보유통지원시스템 홈페이지(http://seoji.nl.go.kr)와 국가자료공동목록시스템(http://www.nl.go.kr/kolisnet)에서 이용하실 수 있습니다.(CIP제어번호: CIP2018025156)

책으로 여는 지혜의 인드라망, 북드라망 **www.bookdramang.com**

낭송
Q
시리즈

샛별편
04

낭송
사자소학

김고은
이수민
풀어
읽음

우응순
감수

티

▶낭송Q시리즈 샛별편 『낭송 사자소학』 사용설명서◀

1. '낭송Q'시리즈의 '낭송Q'는 '낭송의 달인 호모 큐라스'의 약자입니다. '큐라스'(curas)는 '케어'(care)의 어원인 라틴어로 배려, 보살핌, 관리, 집필, 치유 등의 뜻이 있습니다. '호모 큐라스'는 고전평론가 고미숙이 만든 조어로, 자기배려를 하는 사람, 즉 자신의 욕망과 호흡의 불균형을 조절하는 능력을 지닌 사람을 뜻하며, 낭송의 달인이 호모 큐라스인 까닭은 고전을 낭송함으로써 내 몸과 우주가 감응하게 하는 것이야말로 최고의 양생법이자, 자기배려이기 때문입니다(낭송의 인문학적 배경에 대해 더 궁금하신 분들은 고미숙의 『낭송의 달인 호모 큐라스』를 참고해 주십시오).

2. 낭송Q시리즈는 '낭송'을 위한 책입니다. 따라서 이 책은 꼭 소리 내어 읽어 주시고, 나아가 짧은 구절이라도 암송해 보실 때 더욱 빛을 발합니다. 머리와 입이 하나가 되어 책이 없어도 내 몸 안에서 소리가 흘러나오는 것, 그것이 바로 낭송입니다. 이를 위해 낭송Q시리즈의 책들은 모두 수십 개의 짧은 장들로 이루어져 있습니다. 암송에 도전해 볼 수 있는 분량들로 나누어 각 고전의 맛을 머리로, 몸으로 느낄 수 있도록 각 책의 '풀어 읽은이'들이 고심했습니다.

3. 최고의 양생법이자 새로운 독서법으로서의 '낭송'을 처음으로 세상에 알린 낭송Q시리즈의 시즌 1은 동청룡·남주작·서백호·북현무편으로 이루어져 있으며, 사계절의 기운을 담고 있는 것을 특징으로 합니다. 동청룡편에는 봄의 창조적인 기운, 남주작편에는 여름의 발산력과 화려함, 서백호편에는 가을의 결단력, 북현무편에는 지혜와 상상력을 키울 수 있는 고요함을 품고 있는 고전들이 속해 있습니다. 각 편의 서두에는 판소리계 소설을, 마무리에는 『동의보감』을 네 편으로 나누어 하나씩 넣었고, 그 사이에는 유교와 불교의 경전, 그리고 동아시아 최고의 명문장들을 배열했습니다.

▷ 동청룡: 『낭송 춘향전』, 『낭송 논어/맹자』, 『낭송 아함경』, 『낭송 열자』, 『낭송 열하일기』, 『낭송 전습록』, 『낭송 동의보감 내경편』

▷ 남주작 : 『낭송 변강쇠가/적벽가』, 『낭송 금강경 외』, 『낭송 삼국지』, 『낭송 장자』, 『낭송 주자어류』, 『낭송 홍루몽』, 『낭송 동의보감 외형편』

▷ 서백호 : 『낭송 흥보전』, 『낭송 서유기』, 『낭송 선어록』, 『낭송 손자병법/오자병법』, 『낭송 이옥』, 『낭송 한비자』, 『낭송 동의보감 잡병편 (1)』

▷ 북현무 : 『낭송 토끼전/심청전』, 『낭송 도덕경/계사전』, 『낭송 대승기신론』, 『낭송 동의수세보원』, 『낭송 사기열전』, 『낭송 18세기 소품문』, 『낭송 동의보감 잡병편 (2)』

4. **새롭게 선보이는 낭송Q시리즈 시즌 2는** 고전과 몸 그리고 일상이 조화를 이루는 훈련으로서의 낭송에 초점을 맞춰, **샛별편과 원문으로 읽는 디딤돌편, 민담·설화편, 조선왕조실록편으로 구성했습니다.**

▷ 샛별편: 『낭송 천자문/추구』, 『낭송 명심보감』, 『낭송 격몽요결』, 『낭송 사자소학』. 저녁 무렵 가장 먼저 하늘에 나타나며 다음날 새벽까지 가장 오래 하늘에 머물러 있는 샛별처럼, 전통시대의 초학자들이 제일 먼저 배우며 가장 오래도록 몸과 마음에 새겨놓았던 기초 책들을 낭송으로 익힙니다.

▷ 원문으로 읽는 디딤돌편: 『낭송 대학/중용』

▷ 민담·설화편: 『낭송 경기도의 옛이야기』, 『낭송 경상남도의 옛이야기』, 『낭송 경상북도의 옛이야기』, 『낭송 제주도의 옛이야기』, 『낭송 충청남도의 옛이야기』, 『낭송 충청북도의 옛이야기』

▷ 조선왕조실록편: 『낭송 태조실록』, 『낭송 태종실록』, 『낭송 세종실록』, 『낭송 성종실록』

5. 낭송Q시리즈 샛별편인 이 책 『낭송 사자소학』은 엮은이마다, 마을마다 다른 다양한 『사자소학』(四字小學) 판본 가운데 낭송에 적합한 구절들을 모으고 가려, 풀어 읽은이들이 그 편제를 새롭게 하여 옮기고 엮은 것입니다.

차례

사자소학

四字小學

낭송
사자소학

머리말

나의 존재를 밝히는 책, 사자소학

옷보다 옷을 준 마음이 더 소중하다

어렸을 때도 배우지 않았던 한자를 스무 살이 넘어서 보게 될 줄은 꿈에도 몰랐다. 그것도 한자로 쓰인 옛 원서를 읽게 될 줄은 더더욱 몰랐다. 나는 한자로 쓰인 책들은 고리타분하고 구시대적인 이야기를 한다고 생각했다. 『사자소학』도 마찬가지였다. "아버지 나를 낳으시고 어머니 나를 기르시고…" 아버지와 어머니가 나를 낳고 길렀다는 걸 모르는 사람이 어디 있단 말인가!

그러나 책을 찬찬히 읽다 보니 내가 『사자소학』을 너무 만만하게 봤다는 걸 알게 됐다. 나는 새벽에 일어나 부모님의 잠자리가 어땠는지 살피라는 말, 집에서 멀리 가지 말라는 말을 알 수 없었다. 왜 그렇게까지 부모님을 신경써야 하는지 도통 이해하지 못했던 것이다. 나는 아침에 일어나선 내 몸 스트레칭 하느라 바빴고, 해외여행 갈 땐 부모님에게 뒤늦게 통보하고 훌쩍 떠날 뿐이었다. 『사자소학』에서 권유하는 생활은 내 생활과 완전히 달랐다.

『사자소학』을 읽는 내내 나는 내 감각과 전혀 다른 마음으로 문장을 살펴야 했다. 이는 마치 옛 유적을 탐사하는 것과 느낌이 비슷했다. 나는 옷 스타일에 대해 까다로운 기준을 가지고 있는 편이다. 내 스타일이 아니면 부모님이 선물해 준 옷이라도 입지 않는다. 그런데 『사자소학』에서는 왜 아무리 마음에 안 들어도 그냥 입으라고 말하는 것일까? 어쩌면 옷보다 부모님이 '주신 마음'을 더 중요하게, 소중하게 여기고 있는 것은 아닐까?

『사자소학』에 내가 헤아릴 수 없는 마음들이 담겨 있다고 생각하니 한 문장 한 문장이 다르게 읽히기 시작했다. 나는 부모님이 나를 낳으시고 길러 주셨다는 말도 그 진의를 모르고 대충 흘려들은 게 분명했다. 부모님이 나에게 어떤 존재인가에 대해 생각해 본 적이 없으니, 부모님을 정성들여 공경하던 옛사람들의 마음을 알 리가 없다. 어디 그뿐일까? 형제를 대하는 마음, 스승을 대하는 마음, 동네 어르신을 대하는 마음… 어느 하나 쉽게 이해할 수 있는 게 없었다.

·

부모부터 이웃까지, 나의 존재를 밝히는 관계들

분명 『사자소학』은 옛 학생들이 공부하던 책이지만, 요즘 청소년 혹은 청년이 들을 수 있을 법한 말은 하나도 나오지 않는다. '자신이 원하는 것을 찾아 즐겁게 그 일을 합시다!'와 같은

말 대신 내 주변 사람들과 어떻게 관계를 맺을지에 대한 이야기만 한가득 실려 있다. 정말 『사자소학』에 '나'에 대한 이야기는 전혀 나오지 않는 것일까?

초등학생 친구들과 『사자소학』을 원문으로 읽은 적이 있었다. '처음 내가 그랬던 것처럼 이 친구들도 고리타분하게 느끼면 어쩌지' 하고 생각했지만, 이런 걱정은 기우에 불과했다. 『논어』를 읽으며 지루해하던 친구들까지도 아주 재밌어했다. 새로운 사실을 알려주거나, 자극적인 요소가 많기 때문이 아니었다. 오히려 『사자소학』엔 어디서 들어본 듯한, 일상과 아주 밀접한 이야기밖에 없다.

친구들이 재밌어했던 건 배운 내용에 대해서 자신이 할 수 있는 이야기가 아주 많았기 때문이었다.

부모님의 안부를 여쭙고 불편하신 점은 없는지 살펴야 한다는 문장을 읽고 친구들은 말했다. "나는 아빠 위에서 뛰어노는데! 그만해야 하려나?" "아빠나 엄마가 집에 들어오거나 말거나 저는 그냥 누워만 있어요."

형제자매에게 물건을 사사로이 하지 말라는 문장을 읽고는 이렇게 말했다. "저는 과자가 한 개 있어도 동생과 꼭 나눠 먹어요." "제 누나는 고기반찬이 올라오면 많이 먹으려고 해요! 그래서 저도 많이 먹으려고 밥을 빨리 먹어요."

내 어머니뻘 되는 선생님들은 책을 읽고 한숨을 푹푹 내쉬었다. "내 아들이 나한테 이렇게만 했어도…." "이렇게 해야 하는데 우리 집 녀석들은 도대체가…." 한숨은 자식의 태도에 대한 신세한탄으로 그치지만은 않았다. 자신 또한 부모님을 잘 모시지 못하고 있는 처지에 대한 아쉬움, 가부장 문화의 근거를 책에서 찾을 수 없다는 것에 대한 허탈함을 함의하기도 했다.

우리는 보통 자신을 소개할 때 자신이 가진 기호나 성향을 내보인다. 떡볶이를 좋아하는 나, 레오파드 무늬는 싫어하는 나, 낯가림이 심한 나. 하지만 자신이 맺고 있는 관계로도 '나'를 설명할 수 있다. 부모님의 딸인 나, 새은이의 언니인 나, 윤지의 친구인 나. 생각해 보면 우리는 이미 SNS에서도 누군가들의 친구로 소개되고, 또 다른 사람의 친구가 되길 추천받고 있다. 하지만 관계가 자신을 설명할 수 있고, 또 자신을 구성할 수 있다는 생각은 별로 하지 못하는 것 같다.

『사자소학』은 나에게 생명을 주신 부모님에 대한 이야기로부터 시작한다. 그 뒤로 가장 작은 공동체, 가정의 구성원인 형제자매에 대해 설명하고 이어서 보다 큰 공동체를 이루는 친구와 스승, 동네 어르신에 대한 이야기까지로 확장한다. 누구와의 관계가 나를 구성하는지, 어떤 사람과는 어떻게 관계를 맺어야 하는지에 대해 말하고 있는 것이다. 그러고 나면 비로소 '나'라는 존재는 어떻게 살면 좋을까에 대한 이야기가 나온다. 스스로를 갈고 닦을 수 있는〔修身〕 방법에 대해 설명한다. 나를 구성하는 관계를 살펴본 뒤, 다시 나로 돌아와 수신(修身)을 이야기하는 것, 이것이 『사자소학』이 '나'라는 존재를 밝히는 방법이다.

나만의 맥락으로 책을 읽어 보자

『사자소학』을 읽다 보면 옛사람들은 모두 선비가 아니었을까, 어떻게 이리 마음을 정갈히 하고 관계를 염두에 두며 살 수 있었을까, 하는 의문이 생길지도 모른다. 나는 아무리 부모를 공경하고 형제간에 우애하라는 말을 자주 들어도, 정말 그렇게 사는 사람은 별로 없었을지도 모른다고 생각한다. 생각해 보면 부모님 속을 썩인 불효자식 이야기, 형제끼리 배신하여 패가망신한 이야기 등은 옛이야기의 흔한 레퍼토리 중 하나다. 다 알기 때문에 배울 필요가 없는 것이었다면 구태여 책에 써넣지도 않았을 것이다.

그러므로 『사자소학』대로 살지 못하고 있다고 실망할 필

요가 없다. 아니, 오히려 이 책대로 살겠다고 마음먹는 것은 비현실적인 것일지도 모른다. 많은 사람들이 어렵지 않게 해외유학을 가고, 걸핏하면 배낭 메고 여행을 떠나는 오늘날 부모님과 멀리 떨어지지 말라는 말을 그대로 행하는 건 불가능하지 않을까? 오히려 왜 부모 곁을 떠나지 말라고 했는지를 곰곰이 생각해 보는 것이 훨씬 의미 있을 것이다. 내가 부모님에게 어떤 존재이고 나란 사람에게 부모님이란 어떤 존재인지, 어떤 마음으로 어떻게 관계를 맺어야 하는지에 대해서 말이다.

남녀노소 누구나 『사자소학』을 자신만의 맥락으로 읽을 수 있다. 나처럼 옛 유교문화를 이해하는 책으로 읽을 수도 있고 초등학생 친구들처럼 자신의 생활을 돌아보는 책으로도, 어머니뻘 되는 선생님들처럼 다른 세대를 이해하는 책으로도 읽을 수 있다. 그리고 이 책을 자신의 맥락을 가지고 읽는 데엔 역시 낭송만 한 방법이 없을 것이다. 옛 서당의 학동들이 입으로 소리 내어 읽고 몸으로 체득했듯이, 소리 내어 읽으면 온몸으로 책의 이야기들을 곱씹어 볼 수 있다. 이를 위해 『낭송 사자소학』은 재밌게 낭송할 수 있는 데 중점을 두고서 원문을 옮겼다. 단 『사자소학』에는 옛사람들의 생활이 곳곳에 묻어 있기 때문에 오늘날 익숙하지 않은 단어나 묘사가 있어서, 본뜻을 벗어나지 않는 한에서 익숙한 단어로 고쳤다.

다음 장을 넘기면 『낭송 사자소학』은 낯설지 않은 문장으로 시작된다. "아버지 나를 낳으시고, 어머니 나를 기르셨다."(父生我身 母鞠我身) 이 책의 마지막은 독자를 향한 염려로 마무리된다. "내가 늙어서 하는 말이 아니라, 성인의 가르침이다."(非我言耄 惟聖之模) 이제 이 익숙한 문장들을 늙은이의 망령이 아니라 성인의 가르침으로 만들 수 있는 건 서문을 쓰고 있는 내가 아니라 책을 읽을 여러분이다.

사자소학

1부

나와 부모 • 一

1-1. 부모님 은혜

① 아버지 나를 낳으시고,

어머니 나를 기르셨다.

父生我身
부 생 아 신
아버지 부, 날 생, 나 아, 몸 신

母鞠我身
모 국 아 신
어머니 모, 기를 국, 나 아, 몸 신

② 안아서 품어 주시고,

젖을 먹여 키우셨다.

腹以懷我
복 이 회 아
배 복, 써 이, 품을 회, 나 아

乳以哺我
유 이 포 아
젖 유, 써 이, 먹일 포, 나 아

③ 따뜻하게 입혀 주시고,

배부르게 먹이셨다.

以衣溫我
이 의 온 아
써 이, 옷 의, 따뜻할 온, 나 아

以食飽我
이 식 포 아
써 이, 밥 식, 배부를 포, 나 아

④ 그 은혜는 하늘처럼 높고,

덕은 땅처럼 두텁구나.

恩高如天
은 고 여 천
은혜 은, 높을 고, 같을 여, 하늘 천

德厚似地
덕 후 사 지
덕 덕, 두터울 후, 같을 사, 땅 지

⑤ 높은 나무에 오르지 마라,

부모님이 걱정하신다.

勿登高樹

물 등 고 수

말 물, 오를 등, 높을 고, 나무 수

父母憂之

부 모 우 지

아버지 부, 어머니 모, 근심할 우, 그것 지

⑥ 깊은 연못에서 헤엄치지 마라,

부모님이 염려하신다.

勿泳深淵

물 영 심 연

말 물, 헤엄칠 영, 깊을 심, 못 연

父母念之

부 모 념 지

아버지 부, 어머니 모, 염려할 념, 그것 지

⑦ 남과 싸우지 마라,

부모님이 불안해하신다.

勿與人鬪

물 여 인 투

말 물, 더불 여, 사람 인, 싸울 투

父母不安

부 모 불 안

아버지 부, 어머니 모, 아니 불, 편안할 안

⑧ 부모님이 꾸짖으시면,

반성하고 원망하지 마라.

父母責之

부 모 책 지

아버지 부, 어머니 모, 꾸짖을 책, 그것 지

反省勿怨

반 성 물 원

돌이킬 반, 살필 성, 말 물, 원망할 원

⑨ 조상을 추모하는 것은 근본에 보답하는 것이니,

제사에는 반드시 정성을 다하라.

追遠報本
추 원 보 본
쫓을 추, 멀 원, 갚을 보, 근본 본

祭祀必誠
제 사 필 성
제사 제, 제사 사, 반드시 필, 정성 성

⑩ 선조가 있지 않으면,

내 몸이 어찌 생겼겠는가.

非有先祖
비 유 선 조
아닐 비, 있을 유, 먼저 선, 할아버지 조

我身曷生
아 신 갈 생
나 아, 몸 신, 어찌 갈, 날 생

⑪ 자식이 되어서

어찌 효도하지 않겠는가.

爲人子者
위 인 자 자
될 위, 사람 인, 아들 자, 사람 자

曷不爲孝
갈 불 위 효
어찌 갈, 아니 불, 할 위, 효도 효

⑫ 부모님 은혜를 갚고자 하나,

높디높은 하늘처럼 끝이 없어라.

欲報其恩
욕 보 기 은
하고자 할 욕, 갚을 보, 그 기, 은혜 은

昊天罔極
호 천 망 극
하늘 호, 하늘 천, 없을 망, 끝 극

1-2. 자식의 도리

① 내 몸과 머리카락과 살은

부모님께 받은 것이다.

身體髮膚
신 체 발 부
몸 신, 몸 체, 터럭 발, 살갗 부

受之父母
수 지 부 모
받을 수, 어조사 지, 아버지 부, 어머니 모

② 감히 훼손하거나 다치게 할 수 없으니,

효도의 시작이다.

不敢毁傷
불 감 훼 상
아니 불, 감히 감, 훼손할 훼, 상할 상

孝之始也
효 지 시 야
효도 효, 어조사 지, 처음 시, 어조사 야

③ 반드시 새벽에 먼저 일어나,

세수하고 양치질하라.

晨必先起

신 필 선 기

새벽 신, 반드시 필, 먼저 선, 일어날 기

必盥必漱

필 관 필 수

반드시 필, 씻을 관, 반드시 필, 양치질할 수

④ 저녁에는 잠자리를 봐 드리고, 새벽에는 안부를 물으며,

겨울에는 따뜻하게, 여름에는 시원하게 해드려라.

昏定晨省

혼 정 신 성

저녁 혼, 정할 정, 새벽 신, 살필 성

冬溫夏凊

동 온 하 청

겨울 동, 따뜻할 온, 여름 하, 서늘할 청

⑤ 부모님이 병드시면,

근심하고 낫게 할 것을 궁리하라.

父母有疾
부 모 유 질
아버지 부, 어머니 모, 있을 유, 병 질

憂而謀瘳
우 이 모 추
근심할 우, 말 이을 이, 꾀할 모, 병 나을 추

⑥ 음식을 제대로 드시지 못할 때는,

좋아하시는 반찬을 마련해 드려라.

對案不食
대 안 불 식
대할 대, 상 안, 아니 불, 먹을 식

思得良饌
사 득 양 찬
생각할 사, 얻을 득, 좋을 양, 반찬 찬

⑦ 눈 속에서 죽순을 구한 것은,

맹종의 효도이다.

雪裏求筍

설 리 구 순

눈 설, 속 리, 구할 구, 죽순 순

孟宗之孝

맹 종 지 효

맏 맹, 마루 종, 어조사 지, 효도 효

⑧ 얼음을 깨고 잉어를 얻은 것은,

왕상의 효도이다.

剖冰得鯉

부 빙 득 리

쪼갤 부, 얼음 빙, 얻을 득, 잉어 리

王祥之孝

왕 상 지 효

임금 왕, 상서로울 상, 어조사 지, 효도 효

⑨ 부모님이 입을 것이 없으면,

내가 입을 옷을 생각하지 마라.

父母無衣

부 모 무 의

아버지 부, 어머니 모, 없을 무, 옷 의

勿思我衣

물 사 아 의

말 물, 생각 사, 나 아, 옷 의

⑩ 부모님이 드실 것이 없으면,

내가 먹을 음식을 생각하지 마라.

父母無食

부 모 무 식

아버지 부, 어머니 모, 없을 무, 음식 식

勿思我食

물 사 아 식

말 물, 생각 사, 나 아, 음식 식

⑪ 옷과 신발은

잃어버리지 말고, 찢어지지 않게 조심하라.

衣服帶靴
의 복 대 화
옷 의, 옷 복, 허리띠 대, 신발 화

勿失勿裂
물 실 물 렬
말 물, 잃을 실, 말 물, 찢을 렬

⑫ 부모님이 나를 사랑하시니,

기뻐하고 잊지 마라.

父母愛之
부 모 애 지
아버지 부, 어머니 모, 사랑할 애, 그것 지

喜而勿忘
희 이 물 망
기쁠 희, 말 이을 이, 말 물, 잊을 망

사자소학

2부

나와 부모 • 二

2-1. 부모님이 부르시면

① 부모님이 부르시면,

"네" 하고 바로 달려 나가라.

父母呼我

부 모 호 아

아버지 부, 어머니 모, 부를 호, 나 아

唯而趨進

유 이 추 진

빨리 대답할 유, 말 이을 이, 달릴 추, 나아갈 진

② 부모님이 일을 시키시면,

어기지 말고 게을리 하지 마라.

父母使我

부 모 사 아

아버지 부, 어머니 모, 시킬 사, 나 아

勿逆勿怠

물 역 물 태

말 물, 거스를 역, 말 물, 게으를 태

③ 부모님이 가르침을 주시면,

머리 숙여 공경히 들어라.

父母有命

부 모 유 명

아버지 부, 어머니 모, 있을 유, 명할 명

俯首敬聽

부 수 경 청

숙일 부, 머리 수, 공경할 경, 들을 청

④ 앉아서 말씀하시면 앉아서 듣고,

서서 말씀하시면 서서 들어라.

坐命坐聽

좌 명 좌 청

앉을 좌, 명할 명, 앉을 좌, 들을 청

立命立聽

입 명 입 청

설 립, 명할 명, 설 립, 들을 청

⑤ 무릎 앞에 바짝 다가앉지 말고,

부모님 얼굴을 빤히 쳐다보지 마라.

膝前勿坐
슬 전 물 좌
무릎 슬, 앞 전, 말 물, 앉을 좌

親面勿仰
친 면 물 앙
어버이 친, 얼굴 면, 말 물, 올려다볼 앙

⑥ 부모님 앞에 앉아 있을 때는,

걸터앉지 말고 눕지 마라.

侍坐親前
시 좌 친 전
모실 시, 앉을 좌, 어버이 친, 앞 전

勿踞勿臥
물 거 물 와
말 물, 걸터앉을 거, 말 물, 누울 와

⑦ 거리낌 없이 웃지 말고,

큰 소리로 떠들지 마라.

須勿放笑

수 물 방 소

모름지기 수, 말 물, 클 방, 웃을 소

亦勿高聲

역 물 고 성

또 역, 말 물, 높을 고, 소리 성

⑧ 부모님과 함께 있을 때는,

다른 사람에게 성내며 꾸짖지 마라.

侍坐父母

시 좌 부 모

모실 시, 앉을 좌, 아버지 부, 어머니 모

勿怒責人

물 노 책 인

말 물, 성낼 노, 꾸짖을 책, 사람 인

⑨ 부모님께 물건을 드릴 때에는,

무릎을 꿇고 앉아서 드려라.

獻物父母

헌 물 부 모

드릴 헌, 물건 물, 아버지 부, 어머니 모

跪而進之

궤 이 진 지

꿇어앉을 궤, 말 이을 이, 올릴 진, 그것 지

⑩ 부모님이 음식을 주시거든,

무릎을 꿇고 앉아서 받아라.

與我飮食

여 아 음 식

줄 여, 나 아, 마실 음, 먹을 식

跪而受之

궤 이 수 지

꿇어앉을 궤, 말 이을 이, 받을 수, 그것 지

⑪ 마음에 들지 않는 옷이라도

주시면 기꺼이 입어라.

衣服雖惡

의 복 수 악

옷 의, 옷 복, 비록 수, 나쁠 악

與之必着

여 지 필 착

줄 여, 그것 지, 반드시 필, 입을 착

⑫ 입에 맞지 않는 음식이라도

주시면 반드시 먹어라.

飮食雖厭

음 식 수 염

마실 음, 먹을 식, 비록 수, 싫을 염

與之必食

여 지 필 식

줄 여, 그것 지, 반드시 필, 먹을 식

2-2. 일상의 태도

① 방과 마루에 먼지가 있으면,

항상 물 뿌리고 청소하라.

室堂有塵
실 당 유 진
방 실, 집 당, 있을 유, 먼지 진

常必灑掃
상 필 쇄 소
항상 상, 반드시 필, 물 뿌릴 쇄, 쓸 소

② 문지방을 밟고 서지 말고,

방 한가운데 앉지 마라.

勿立門中
물 립 문 중
말 물, 설 립, 문 문, 가운데 중

勿坐房中
물 좌 방 중
말 물, 앉을 좌, 방 방, 가운데 중

③ 걸을 때 흐느적거리지 말고,

앉을 때 몸을 기대지 마라.

行勿慢步
행 물 만 보
다닐 행, 말 물, 거만할 만, 걸음 보

坐勿倚身
좌 물 의 신
앉을 좌, 말 물, 기댈 의, 몸 신

④ 입으로 잡담하지 말고,

손으로 장난치지 마라.

口勿雜談
구 물 잡 담
입 구, 말 물, 섞일 잡, 말씀 담

手勿雜戲
수 물 잡 희
손 수, 말 물, 섞일 잡, 놀이 희

⑤ 그릇에 음식이 있더라도

주시지 않으면 먹지 마라.

器有飮食

기 유 음 식

그릇 기, 있을 유, 마실 음, 먹을 식

不與勿食

불 여 물 식

아니 불, 줄 여, 말 물, 먹을 식

⑥ 부모님의 옷을

넘어 다니지 말고, 밟지 마라.

父母衣服

부 모 의 복

아버지 부, 어머니 모, 옷 의, 옷 복

勿踰勿踐

물 유 물 천

말 물, 넘을 유, 말 물, 밟을 천

⑦ 나가고 들어올 때

열고 닫는 것을 반드시 공손히 하라.

出入門戶

출 입 문 호

나갈 출, 들어갈 입, 문 문, 문 호

開閉必恭

개 폐 필 공

열 개, 닫을 폐, 반드시 필, 공손할 공

⑧ 부모님이 나가고 들어오실 때

매번 일어나 서 있어라.

父母出入

부 모 출 입

아버지 부, 어머니 모, 나갈 출, 들어갈 입

每必起立

매 필 기 립

매번 매, 반드시 필, 일어날 기, 설 립

⑨ 나갈 때는 반드시 부모님께 고하고,

돌아와서는 반드시 얼굴을 보여라.

出必告之

출 필 고 지

나갈 출, 반드시 필, 아뢸 고, 그것 지

反必面之

반 필 면 지

돌아올 반, 반드시 필, 얼굴 면, 그것 지

⑩ 멀리 가지 말고,

가더라도 반드시 가는 곳을 알려라.

愼勿遠遊

신 물 원 유

삼갈 신, 말 물, 멀 원, 놀 유

遊必有方

유 필 유 방

놀 유, 반드시 필, 있을 유, 장소 방

⑪ 일을 할 때는 반드시 여쭤 보고,

제멋대로 하지 마라.

事必稟行

사 필 품 행

일 사, 반드시 필, 여쭐 품, 행할 행

無敢自專

무 감 자 전

없을 무, 감히 감, 스스로 자, 제멋대로 할 전

⑫ 한 번이라도 부모님을 속이면

그 죄가 산과 같다.

一欺父母

일 기 부 모

한 일, 속일 기, 아버지 부, 어머니 모

其罪如山

기 죄 여 산

그 기, 허물 죄, 같을 여, 뫼 산

⑬ 부모님 섬기기를 이와 같이 하면

효도한다 할 만하다.

事親如此
사 친 여 차
섬길 사, 어버이 친, 같을 여, 이 차

可謂孝矣
가 위 효 의
옳을 가, 이를 위, 효도 효, 어조사 의

⑭ 이와 같이 하지 않으면

금수와 다름이 없다.

不能如此
불 능 여 차
아니 불, 능할 능, 같을 여, 이 차

禽獸無異
금 수 무 이
새 금, 짐승 수, 없을 무, 다를 이

사자소학

3부

나와 가족

3-1. 한 뿌리에서 난 형제 동기

① 형제와 자매는

같은 기운을 받고 태어났다.

兄弟姊妹
형 제 자 매
맏 형, 아우 제, 언니 자, 누이 매

同氣而生
동 기 이 생
같을 동, 기운 기, 말 이을 이, 날 생

② 형은 아껴 주고, 아우는 공손하여

원망하거나 성내지 않는다.

兄友弟恭
형 우 제 공
맏 형, 우애할 우, 아우 제, 공손할 공

不敢怨怒
불 감 원 노
아니 불, 감히 감, 원망할 원, 성낼 노

③ 몸은 비록 다르지만,

본래 한 기운에서 태어났다.

骨肉雖分
골 육 수 분
뼈 골, 살 육, 비록 수, 나눌 분

本生一氣
본 생 일 기
본래 본, 날 생, 한 일, 기운 기

④ 모습은 서로 다르나

본래 한 핏줄이다.

形體雖異
형 체 수 이
형상 형, 몸 체, 비록 수, 다를 이

素受一血
소 수 일 혈
본래 소, 받을 수, 한 일, 피 혈

⑤ 이것을 나무에 비유하면

뿌리는 같고 가지는 다른 것이다.

比之於木
비 지 어 목
비유할 비, 그것 지, 어조사 어, 나무 목

同根異枝
동 근 이 지
같을 동, 뿌리 근, 다를 이, 가지 지

⑥ 물에 비유하면

근원은 같고 흐름은 다른 것이다.

比之於水
비 지 어 수
비유할 비, 그것 지, 어조사 어, 물 수

同源異流
동 원 이 류
같을 동, 근원 원, 다를 이, 흐를 류

⑦ 형제간에 잘한 일이 있으면

반드시 드러내어 칭찬하라.

兄弟有善

형 제 유 선

맏 형, 아우 제, 있을 유, 착할 선

必譽于外

필 예 우 외

반드시 필, 칭찬할 예, 어조사 우, 바깥 외

⑧ 형제간에 잘못이 있으면

숨겨 주고 드러내지 마라.

兄弟有失

형 제 유 실

맏 형, 아우 제, 있을 유, 잘못 실

隱而勿揚

은 이 물 양

숨길 은, 말 이을 이, 말 물, 드러낼 양

⑨ 나에게 기쁨과 즐거움이 있으면

형제 또한 즐거워한다.

我有歡樂
아 유 환 락
나 아, 있을 유, 기쁠 환, 즐거울 락

兄弟亦樂
형 제 역 락
맏 형, 아우 제, 또 역, 즐거울 락

⑩ 나에게 근심과 걱정이 있으면

형제 또한 근심한다.

我有憂患
아 유 우 환
나 아, 있을 유, 근심 우, 걱정 환

兄弟亦憂
형 제 역 우
맏 형, 아우 제, 또 역, 근심 우

⑪ 형제간에 어려운 일이 있으면,

근심하고 도와줄 것을 생각하라.

兄弟有難
형 제 유 난
맏 형, 아우 제, 있을 유, 어려울 난

悶而思救
민 이 사 구
근심할 민, 말 이을 이, 생각 사, 도울 구

⑫ 형이 이처럼 잘하면

아우 또한 본받는다.

兄能如此
형 능 여 차
맏 형, 능할 능, 같을 여, 이 차

弟亦效之
제 역 효 지
아우 제, 또 역, 본받을 효, 그것 지

3-2. 나누는 마음

① 형제간에는 화목하게 지내야 하니

다닐 때는 기러기가 나는 것처럼 줄지어 가라.

兄弟怡怡

형 제 이 이

맏 형, 아우 제, 기쁠 이, 기쁠 이

行則雁行

행 즉 안 항

다닐 행, 곧 즉, 기러기 안, 항렬 항

② 잘 때는 이불을 나란히 하고

먹을 때는 밥상을 함께하라.

寢則連衾

침 즉 연 금

잘 침, 곧 즉, 연할 연, 이불 금

食則同牀

식 즉 동 상

먹을 식, 곧 즉, 같을 동, 상 상

③ 형이 비록 나를 꾸짖더라도

대들거나 화내지 마라.

兄雖責我
형 수 책 아
맏 형, 비록 수, 꾸짖을 책, 나 아

莫敢抗怒
막 감 항 노
말 막, 감히 감, 겨룰 항, 성낼 노

④ 아우가 비록 잘못이 있더라도

큰소리로 꾸짖지 마라.

弟雖有過
제 수 유 과
아우 제, 비록 수, 있을 유, 허물 과

須勿聲責
수 물 성 책
모름지기 수, 말 물, 소리 성, 꾸짖을 책

⑤ 형이 입을 것이 없거든

아우가 반드시 드려라.

兄無衣服

형 무 의 복

맏 형, 없을 무, 옷 의, 옷 복

弟必獻之

제 필 헌 지

아우 제, 반드시 필, 드릴 헌, 그것 지

⑥ 아우가 먹을 것이 없거든

형이 반드시 주어라.

弟無飮食

제 무 음 식

아우 제, 없을 무, 마실 음, 먹을 식

兄必與之

형 필 여 지

맏 형, 반드시 필, 줄 여, 그것 지

⑦ 한 잔의 물이라도

반드시 나누어 마셔라.

一杯之水

일 배 지 수

한 일, 잔 배, 어조사 지, 물 수

必分而飮

필 분 이 음

반드시 필, 나눌 분, 말 이을 이, 마실 음

⑧ 한 알의 곡식이라도

반드시 나누어 먹어라.

一粒之食

일 립 지 식

한 일, 낟알 립, 어조사 지, 밥 식

必分而食

필 분 이 식

반드시 필, 나눌 분, 말 이을 이, 먹을 식

⑨ 나눌 때는 많이 가지려 하지 말며,

있을 때나 없을 때나 서로 나누어라.

分毋求多

분 무 구 다

나눌 분, 말 무, 구할 구, 많을 다

有無相通

유 무 상 통

있을 유, 없을 무, 서로 상, 통할 통

⑩ 입을 것과 먹을 것을 혼자 가지면

오랑캐의 무리이다.

私其衣食

사 기 의 식

사사로이 할 사, 그 기, 옷 의, 밥 식

夷狄之徒

이 적 지 도

오랑캐 이, 오랑캐 적, 어조사 지, 무리 도

⑪ 비록 다른 친척이 있더라도

어찌 형제만 하겠는가.

雖有他親

수 유 타 친

비록 수, 있을 유, 다를 타, 친척 친

豈若兄弟

기 약 형 제

어찌 기, 같을 약, 맏 형, 아우 제

⑫ 형제가 화목하면

부모님이 기뻐하신다.

兄弟和睦

형 제 화 목

맏 형, 아우 제, 화목할 화, 화목할 목

父母喜之

부 모 희 지

아버지 부, 어머니 모, 기쁠 희, 어조사 지

3-3. 부부의 역할

① 부부는

두 성이 합해진 것이다.

夫婦之倫
부 부 지 륜
남편 부, 부인 부, 어조사 지, 인륜 륜

二姓之合
이 성 지 합
두 이, 성 성, 어조사 지, 합할 합

② 남편과 아내는 구별이 있으니

서로 공경하기를 손님 대하듯 하라.

內外有別
내 외 유 별
안 내, 바깥 외, 있을 유, 나눌 별

相敬如賓
상 경 여 빈
서로 상, 공경 경, 같을 여, 손님 빈

③ 남편의 도리는 의로움에 맞게 하는 것이고

부인의 덕은 이치를 따르는 것이다.

夫道和義

부 도 화 의

남편 부, 도리 도, 화할 화, 의로울 의

婦德柔順

부 덕 유 순

부인 부, 덕 덕, 부드러울 유, 순할 순

④ 남편이 앞에서 부르고 부인이 따르면

집안의 도가 이루어진다.

夫唱婦隨

부 창 부 수

남편 부, 먼저 부를 창, 부인 부, 따를 수

家道成矣

가 도 성 의

집 가, 도리 도, 이룰 성, 어조사 의

사자소학

4부

나와 친구

4-1. 나와 같은 친구

① 사람이 세상을 살면서

친구가 없을 수 없다.

人之在世

인 지 재 세

사람 인, 어조사 지, 있을 재, 세상 세

不可無友

불 가 무 우

아니 불, 옳을 가, 없을 무, 벗 우

② 배움으로써 벗을 만나고

벗으로써 나의 어짊을 키운다.

以文會友

이 문 회 우

써 이, 학문 문, 모을 회, 벗 우

以友輔仁

이 우 보 인

써 이, 벗 우, 도울 보, 어질 인

③ 바른 사람과 친구가 되면

나 또한 저절로 바르게 된다.

友其正人
우 기 정 인
벗할 우, 그 기, 바를 정, 사람 인

我亦自正
아 역 자 정
나 아, 또 역, 스스로 자, 바를 정

④ 바르지 못한 사람을 따라 놀면

나 또한 저절로 바르지 않게 된다.

從遊邪人
종 유 사 인
좇을 종, 놀 유, 바르지 못할 사, 사람 인

我亦自邪
아 역 자 사
나 아, 또 역, 스스로 자, 바르지 못할 사

⑤ 쑥이 삼 가운데 자라면

붙들어 주지 않아도 저절로 곧아진다.

蓬 生 麻 中

봉 생 마 중

쑥 봉, 날 생, 삼 마, 가운데 중

不 扶 自 直

불 부 자 직

아니 불, 붙들 부, 스스로 자, 곧을 직

⑥ 흰 모래가 진흙에 있으면

물들이지 않아도 저절로 더러워진다.

白 沙 在 泥

백 사 재 니

흰 백, 모래 사, 있을 재, 진흙 니

不 染 自 汚

불 염 자 오

아니 불, 물들일 염, 스스로 자, 더러울 오

⑦ 먹을 가까이하는 자는 검어지고,

붉은 물감을 가까이하는 자는 붉어진다.

近墨者黑

근 묵 자 흑

가까울 근, 먹 묵, 사람 자, 검을 흑

近朱者赤

근 주 자 적

가까울 근, 붉을 주, 사람 자, 붉을 적

⑧ 살 곳을 정할 때는 반드시 이웃을 가리고

배움을 청할 때는 반드시 덕이 있는 사람을 찾아간다.

居必擇隣

거 필 택 린

살 거, 반드시 필, 가릴 택, 이웃 린

就必有德

취 필 유 덕

나아갈 취, 반드시 필, 있을 유, 덕 덕

⑨ 친구를 가려서 사귀면

도움과 유익함이 있다.

擇而交之
택 이 교 지
가릴 택, 말 이을 이, 사귈 교, 그것 지

有所補益
유 소 보 익
있을 유, 바 소, 도울 보, 유익할 익

⑩ 가리지 않고 사귀면

도리어 해가 된다.

不擇而交
불 택 이 교
아니 불, 가릴 택, 말 이을 이, 사귈 교

反有害矣
반 유 해 의
도리어 반, 있을 유, 해로울 해, 어조사 의

4-2. 친구를 대하는 법

① 친구가 잘못이 있거든

충고하여 잘 이끌라.

朋友有過
붕 우 유 과
벗 붕, 벗 우, 있을 유, 허물 과

忠告善導
충 고 선 도
충성 충, 말할 고, 잘할 선, 인도할 도

② 잘못을 알려 주는 친구가 없으면

불의에 빠지기 쉽다.

人無責友
인 무 책 우
사람 인, 없을 무, 꾸짖을 책, 벗 우

易陷不義
이 함 불 의
쉬울 이, 빠질 함, 아니 불, 옳을 의

③ 내 앞에서 나의 장점을 칭찬하면

아첨하는 사람이다.

面讚我善
면 찬 아 선
얼굴 면, 칭찬할 찬, 나 아, 잘할 선

諂諛之人
첨 유 지 인
아첨할 첨, 아첨할 유, 어조사 지, 사람 인

④ 내 앞에서 나의 단점을 지적하면

강직한 사람이다.

面責我過
면 책 아 과
얼굴 면, 꾸짖을 책, 나 아, 잘못 과

剛直之人
강 직 지 인
굳셀 강, 곧을 직, 어조사 지, 사람 인

⑤ 말하는 것이 믿을 수 없으면

정직한 벗이 아니다.

言而不信
언 이 불 신
말씀 언, 말 이을 이, 아니 불, 믿을 신

非直之友
비 직 지 우
아닐 비, 곧을 직, 어조사 지, 벗 우

⑥ 칭찬을 좋아하는 사람은

온갖 일이 다 거짓이다.

悅人讚者
열 인 찬 자
기쁠 열, 사람 인, 칭찬할 찬, 사람 자

百事皆僞
백 사 개 위
일백 백, 일 사, 모두 개, 거짓 위

⑦ 친구의 장점을 보면 따르고

나의 단점을 알면 반드시 고쳐라.

見善從之

견 선 종 지

볼 견, 잘할 선, 따를 종, 어조사 지

知過必改

지 과 필 개

알 지, 잘못 과, 반드시 필, 고칠 개

⑧ 꾸짖음을 싫어하는 사람은

그 행실이 나아지지 않는다.

厭人責者

염 인 책 자

싫을 염, 사람 인, 꾸짖을 책, 사람 자

其行無進

기 행 무 진

그 기, 행실 행, 없을 무, 나아갈 진

사자소학

5부

나와 이웃

5-1. 스승의 은혜

① 스승을 섬기기를 부모와 같이 하여

반드시 공손히 하고 반드시 공경하라.

事師如親
사 사 여 친
섬길 사, 스승 사, 같을 여, 어버이 친

必恭必敬
필 공 필 경
반드시 필, 공손할 공, 반드시 필, 공경할 경

② 선생님이 가르침을 베푸시거든

제자는 이것을 본받아라.

先生施教
선 생 시 교
먼저 선, 날 생, 베풀 시, 가르칠 교

弟子是則
제 자 시 칙
아우 제, 아들 자, 이 시, 본받을 칙

③ 효도할 수 있고 공경할 수 있는 것은

모두 스승의 은혜이다.

能孝能悌

능 효 능 제

능할 능, 효도 효, 능할 능, 공경할 제

莫非師恩

막 비 사 은

없을 막, 아닐 비, 스승 사, 은혜 은

④ 알 수 있고 할 수 있는 것은

모두 스승의 공이다.

能知能行

능 지 능 행

능할 능, 알 지, 능할 능, 행할 행

總是師功

총 시 사 공

모두 총, 이 시, 스승 사, 공적 공

5-2. 이웃과 함께 살기

① 나이가 배가 되면

아버지로 섬겨라.

年長以倍
연 장 이 배
해 년, 길 장, 써 이, 곱절 배

父以事之
부 이 사 지
아버지 부, 써 이, 섬길 사, 그것 지

② 열 살이 더 많으면

형으로 섬겨라.

十年以長
십 년 이 장
열 십, 해 년, 써 이, 길 장

兄以事之
형 이 사 지
맏 형, 써 이, 섬길 사, 그것 지

③ 어른은 아이를 사랑하고

아이는 어른을 공경하라.

長者慈幼

장 자 자 유

어른 장, 사람 자, 사랑할 자, 어릴 유

幼者敬長

유 자 경 장

어릴 유, 사람 자, 공경할 경, 어른 장

④ 어른 앞에서는

나아가고 물러가기를 공손히 하라.

長者之前

장 자 지 전

어른 장, 사람 자, 어조사 지, 앞 전

進退必恭

진 퇴 필 공

나아갈 진, 물러갈 퇴, 반드시 필, 공손할 공

⑤ 내가 남의 부모를 공경하면

남도 내 부모를 공경한다.

我敬人親

아 경 인 친

나 아, 공경할 경, 사람 인, 어버이 친

人敬我親

인 경 아 친

사람 인, 공경할 경, 나 아, 어버이 친

⑥ 내가 남의 형을 공경하면

남도 내 형을 공경한다.

我敬人兄

아 경 인 형

나 아, 공경할 경, 사람 인, 맏 형

人敬我兄

인 경 아 형

사람 인, 공경할 경, 나 아, 맏 형

⑦ 손님이 찾아오거든

대접을 정성스럽게 해라.

賓客來訪

빈 객 래 방

손님 빈, 손님 객, 올 래, 찾을 방

接待必誠

접 대 필 성

대접할 접, 대접할 대, 반드시 필, 정성 성

⑧ 손님이 오지 않으면

집안이 적막해진다.

賓客不來

빈 객 불 래

손님 빈, 손님 객, 아니 불, 올 래

門戶寂寞

문 호 적 막

문 문, 문 호, 고요할 적, 고요할 막

⑨ 가난하고 어려울 때는

친척끼리 서로 구하라.

貧窮困厄

빈 궁 곤 액

가난할 빈, 궁할 궁, 곤할 곤, 재앙 액

親戚相救

친 척 상 구

친척 친, 친척 척, 서로 상, 구원할 구

⑩ 혼인과 초상에는

이웃끼리 서로 도와라.

婚姻死喪

혼 인 사 상

혼인할 혼, 혼인할 인, 죽을 사, 죽을 상

隣保相助

인 보 상 조

이웃 린, 도울 보, 서로 상, 도울 조

⑪ 좋은 일은 서로 권하고

잘못은 서로 바로잡아라.

德業相勸
덕 업 상 권
덕 덕, 일 업, 서로 상, 권할 권

過失相規
과 실 상 규
잘못 과, 잘못 실, 서로 상, 바로잡을 규

⑫ 예에 맞는 풍속으로 서로 사귀고

어려운 상황에서는 서로 돌보아라.

禮俗相交
예 속 상 교
예절 예, 풍속 속, 서로 상, 사귈 교

患難相恤
환 난 상 휼
근심 환, 어려울 난, 서로 상, 돌볼 휼

사자소학

6부

나를 살리는 공부

6-1. 수신과 독서

① 몸을 닦고 집안을 가지런히 하는 것은
나라를 다스리는 근본이다.

修身齊家
수 신 제 가
닦을 수, 몸 신, 가지런할 제, 집 가

治國之本
치 국 지 본
다스릴 치, 나라 국, 어조사 지, 근본 본

② 책을 읽는 것과 검소함에 힘쓰는 것은
집안을 일으키는 근본이다.

讀書勤儉
독 서 근 검
읽을 독, 책 서, 힘쓸 근, 검소할 검

起家之本
기 가 지 본
일어날 기, 집 가, 어조사 지, 근본 본

③ 충실하고 믿음직하며 인자하고 선량하며

온화하고 어질며 공손하고 검소해야 한다.

忠信慈祥
충 신 자 상
충성 충, 믿을 신, 사랑할 자, 착할 상

溫良恭儉
온 량 공 검
온화할 온, 어질 량, 공손할 공, 검소할 검

④ 사람의 덕행은

겸손하고 양보하는 것이 최고다.

人之德行
인 지 덕 행
사람 인, 어조사 지, 덕 덕, 행실 행

謙讓爲上
겸 양 위 상
겸손할 겸, 사양할 양, 될 위, 윗 상

⑤ 내가 현명하면

그 명예가 부모님에게 미친다.

我身能賢

아 신 능 현

나 아, 몸 신, 능할 능, 어질 현

譽及父母

예 급 부 모

명예 예, 미칠 급, 아버지 부, 어머니 모

⑥ 내가 현명하지 못하면

그 치욕이 부모님에게 미친다.

我身不賢

아 신 불 현

나 아, 몸 신, 아니 불, 어질 현

辱及父母

욕 급 부 모

욕될 욕, 미칠 급, 아버지 부, 어머니 모

⑦ 인륜 가운데에

충성과 효도가 근본이다.

人倫之中
인 륜 지 중
사람 인, 인륜 륜, 어조사 지, 가운데 중

忠孝爲本
충 효 위 본
충성 충, 효도 효, 될 위, 근본 본

⑧ 효도는 마땅히 힘을 다하는 것이고,

충성은 목숨을 다하는 것이다.

孝當竭力
효 당 갈 력
효도 효, 마땅 당, 다할 갈, 힘 력

忠則盡命
충 즉 진 명
충성 충, 곧 즉, 다할 진, 목숨 명

6-2. 공부법

① 예에 맞지 않으면 보지 말고,

예에 맞지 않으면 듣지 마라.

非禮勿視

비 례 물 시

아닐 비, 예절 례, 말 물, 볼 시

非禮勿聽

비 례 물 청

아닐 비, 예절 례, 말 물, 들을 청

② 예에 맞지 않으면 말하지 말며,

예에 맞지 않으면 행동하지 마라.

非禮勿言

비 례 물 언

아닐 비, 예절 례, 말 물, 말씀 언

非禮勿動

비 례 물 동

아닐 비, 예절 례, 말 물, 움직일 동

③ 처음 글을 배울 때는

글자의 획을 바르게 써라.

始習文字
시 습 문 자
처음 시, 익힐 습, 글월 문, 글자 자

字畫楷正
자 획 해 정
글자 자, 그을 획, 바를 해, 바를 정

④ 책이 어지럽게 흩어져 있으면

매번 반드시 정돈하라.

書冊狼藉
서 책 랑 자
책 서, 책 책, 어지러울 랑, 깔 자

每必整頓
매 필 정 돈
매양 매, 반드시 필, 가지런할 정, 정돈할 돈

⑤ 일찍 일어나 밤늦게까지

책 읽기를 게을리하지 마라.

夙興夜寐
숙 흥 야 매
일찍 숙, 일어날 흥, 밤 야, 잘 매

勿懶讀書
물 라 독 서
말 물, 게으를 라, 읽을 독, 책 서

⑥ 공부에 부지런히 힘쓰면

부모님이 기뻐하신다.

勤勉工夫
근 면 공 부
부지런할 근, 힘쓸 면, 장인 공, 사내 부

父母悅之
부 모 열 지
아버지 부, 어머니 모, 기쁠 열, 어조사 지

⑦ 배움이 쌓이면 벼슬길로 나아가,

나라를 위해 충성을 다하라.

學優則仕
학 우 즉 사
배울 학, 넉넉할 우, 곧 즉, 벼슬할 사

爲國盡忠
위 국 진 충
위할 위, 나라 국, 다할 진, 충성 충

⑧ 신의를 다하고 아껴 쓰며,

백성을 사랑하기를 자식과 같이 하라.

敬信節用
경 신 절 용
공경할 경, 믿을 신, 절약할 절, 쓸 용

愛民如子
애 민 여 자
사랑할 애, 백성 민, 같을 여, 아들 자

사자소학

7부

일상의 실천

7-1. 구용, 아홉 가지의 행동거지

① 발걸음은 반드시 신중히 하며

손은 반드시 공손히 하라.

足容必重
족 용 필 중
발 족, 모양 용, 반드시 필, 신중할 중

手容必恭
수 용 필 공
손 수, 모양 용, 반드시 필, 공손할 공

② 눈빛은 반드시 단정하게 하며

입은 반드시 꼭 다물어라.

目容必端
목 용 필 단
눈 목, 모양 용, 반드시 필, 단정할 단

口容必止
구 용 필 지
입 구, 모양 용, 반드시 필, 그칠 지

③ 말은 반드시 조용히 하며

머리는 반드시 꼿꼿이 하라.

聲容必靜
성 용 필 정
소리 성, 모양 용, 반드시 필, 고요할 정

頭容必直
두 용 필 직
머리 두, 모양 용, 반드시 필, 곧을 직

④ 숨을 쉴 때는 반드시 고르게 쉬고

서 있을 때는 반드시 의젓하게 서라.

氣容必肅
기 용 필 숙
기운 기, 모양 용, 반드시 필, 엄숙할 숙

立容必德
입 용 필 덕
설 립, 모양 용, 반드시 필, 덕 덕

⑤ 표정은 반드시 씩씩하게 해야 하니,

이를 구용아홉 가지의 행동거지이라 한다.

色容必莊
색 용 필 장
낯 색, 모양 용, 반드시 필, 씩씩할 장

是曰九容
시 왈 구 용
이 시, 말할 왈, 아홉 구, 모양 용

7-2. 구사, 아홉 가지의 생각

① 볼 때는 반드시 명확하게 보려 하고

들을 때는 반드시 분명하게 들으려 하라.

視必思明
시 필 사 명
볼 시, 반드시 필, 생각할 사, 밝을 명

聽必思聰
청 필 사 총
들을 청, 반드시 필, 생각할 사, 귀 밝을 총

② 표정은 반드시 온화하게 하려 하고

용모는 반드시 공손하게 하려 하라.

色必思溫
색 필 사 온
낯 색, 반드시 필, 생각할 사, 온화할 온

貌必思恭
모 필 사 공
모양 모, 반드시 필, 생각할 사, 공손할 공

③ 말은 반드시 성실히 하려 하고

일은 반드시 최선을 다하려 하라.

言必思忠
언 필 사 충
말씀 언, 반드시 필, 생각할 사, 충성 충

事必思敬
사 필 사 경
일 사, 반드시 필, 생각할 사, 공경할 경

④ 의심나는 것은 반드시 물으려 하고

화가 날 때에는 반드시 어려운 일이 닥칠 것을 생각하라.

疑必思問
의 필 사 문
의심할 의, 반드시 필, 생각할 사, 물을 문

忿必思難
분 필 사 난
분할 분, 반드시 필, 생각할 사, 어려울 난

⑤ 얻을 것을 보면 의롭고자 하니,

이를 구사아홉 가지의 생각라고 한다.

見得思義

견 득 사 의

볼 견, 얻을 득, 생각할 사, 옳을 의

是曰九思

시 왈 구 사

이 시, 말할 왈, 아홉 구, 생각할 사

사자소학

8부

좋은 삶

8-1. 삼강오륜

① 원, 형, 이, 정은

천도의 영원함이다.

元亨利貞
원 형 이 정
으뜸 원, 형통할 형, 이로울 이, 곧을 정

天道之常
천 도 지 상
하늘 천, 도리 도, 어조사 지, 항상 상

② 인, 의, 예, 지는

사람됨의 핵심이다.

仁義禮智
인 의 예 지
어질 인, 옳을 의, 예절 예, 지혜 지

人性之綱
인 성 지 강
사람 인, 성품 성, 어조사 지, 벼리 강

③ 임금은 신하의 본보기가 되고,

아버지는 자식의 본보기가 된다.

君爲臣綱
군 위 신 강
임금 군, 될 위, 신하 신, 벼리 강

父爲子綱
부 위 자 강
아버지 부, 될 위, 아들 자, 벼리 강

④ 남편은 아내의 본보기가 되니

이를 삼강이라 한다.

夫爲婦綱
부 위 부 강
남편 부, 될 위, 부인 부, 벼리 강

是謂三綱
시 위 삼 강
이 시, 이를 위, 석 삼, 벼리 강

⑤ 아버지와 아들 사이는 친해야 하고,

임금과 신하 사이에는 의리가 있어야 한다.

父子有親

부 자 유 친

아버지 부, 아들 자, 있을 유, 친할 친

君臣有義

군 신 유 의

임금 군, 신하 신, 있을 유, 의로울 의

⑥ 부부 사이에는 구별이 있어야 하고,

어른과 아이 사이에는 차례가 있어야 한다.

夫婦有別

부 부 유 별

남편 부, 부인 부, 있을 유, 나눌 별

長幼有序

장 유 유 서

어른 장, 어릴 유, 있을 유, 차례 서

⑦ 친구 사이에는 믿음이 있어야 하니

이를 오륜이라 한다.

朋友有信
붕 우 유 신
벗 붕, 벗 우, 있을 유, 믿을 신

是謂五倫
시 위 오 륜
이 시, 이를 위, 다섯 오, 인륜 륜

⑧ 사람이 귀한 이유는

오륜과 삼강이 있기 때문이다.

人所以貴
인 소 이 귀
사람 인, 바 소, 써 이, 귀할 귀

以其倫綱
이 기 륜 강
써 이, 그 기, 인륜 륜, 벼리 강

8-2. 성인의 가르침

① 행동은 반드시 바르고 곧게 하고,

말은 믿음직스럽고 성실히 하라.

行必正直

행 필 정 직

행실 행, 반드시 필, 바를 정, 곧을 직

言則信實

언 즉 신 실

말씀 언, 곧 즉, 믿을 신, 성실할 실

② 용모는 단정히 하고,

옷차림은 반듯하게 하라.

容貌端正

용 모 단 정

얼굴 용, 모양 모, 단정할 단, 바를 정

衣冠整齊

의 관 정 제

옷 의, 갓 관, 가지런할 정, 가지런할 제

③ 집에 있을 때는 공손히 하고,

걸음걸이는 편안하고 조용하게 하라.

居處必恭

거 처 필 공

살 거, 처할 처, 반드시 필, 공손할 공

步履安詳

보 리 안 상

걸음 보, 밟을 리, 편안할 안, 자세할 상

④ 일을 시작할 때는 신중히 하고,

말을 할 때는 행동을 돌아보아라.

作事謀始

작 사 모 시

지을 작, 일 사, 꾀할 모, 처음 시

出言顧行

출 언 고 행

나갈 출, 말씀 언, 돌아볼 고, 행실 행

⑤ 변하지 않는 덕은 굳게 지키고,

승낙을 할 때는 신중히 응하라.

常德固持

상 덕 고 지

항상 상, 덕 덕, 굳을 고, 잡을 지

然諾重應

연 낙 중 응

그럴 연, 승낙할 낙, 신중할 중, 응할 응

⑥ 음식을 삼가고 절제하며,

말을 공손히 하라.

飮食愼節

음 식 신 절

마실 음, 먹을 식, 삼갈 신, 절제할 절

言語恭遜

언 어 공 손

말씀 언, 말씀 어, 공손할 공, 겸손할 손

⑦ 다른 사람의 단점을 말하지 말고,

자기의 장점을 믿지 마라.

莫談他短

막 담 타 단

말 막, 말씀 담, 다를 타, 짧을 단

靡恃己長

미 시 기 장

말 미, 믿을 시, 자기 기, 길 장

⑧ 자기가 원하지 않는 것은

남에게도 행하지 마라.

己所不欲

기 소 불 욕

자기 기, 바 소, 아니 불, 하고자 할 욕

勿施於人

물 시 어 인

말 물, 베풀 시, 어조사 어, 사람 인

⑨ 선행을 쌓은 집에는

반드시 후손에게 복이 있다.

積善之家

적 선 지 가

쌓을 적, 착할 선, 어조사 지, 집 가

必有餘慶

필 유 여 경

반드시 필, 있을 유, 남을 여, 복 경

⑩ 선행을 쌓지 않은 집에는

반드시 후손에게 재앙이 있다.

不善之家

불 선 지 가

아니 불, 착할 선, 어조사 지, 집 가

必有餘殃

필 유 여 앙

반드시 필, 있을 유, 남을 여, 재앙 앙

⑪ 남의 것을 빼앗아 자기를 이롭게 하면

마침내 자기가 해를 입게 된다.

損人利己

손 인 리 기

덜 손, 사람 인, 이로울 리, 자기 기

終是自害

종 시 자 해

마칠 종, 이 시, 자기 자, 해칠 해

⑫ 화와 복은 문이 없어

오직 사람이 부르는 대로 온다.

禍福無門

화 복 무 문

재앙 화, 복 복, 없을 무, 문 문

惟人所召

유 인 소 소

오직 유, 사람 인, 바 소, 부를 소

⑬ 아! 아이들아,

공경히 이 책을 익혀라.

嗟嗟小子
차 차 소 자
탄식할 차, 탄식할 차, 작을 소, 아들 자

敬受此書
경 수 차 서
공경할 경, 받을 수, 이 차, 책 서

⑭ 내가 늙어서 하는 말이 아니라,

성인의 가르침이다.

非我言耄
비 아 언 모
아닐 비, 나 아, 말씀 언, 늙은이 모

惟聖之謨
유 성 지 모
오직 유, 성인 성, 어조사 지, 꾀 모

부록 낭송 사자소학 한자 읽기

※ 부록에는 『사자소학』의 원문만을 모아 놓았습니다. 원문을 낭독하면서 한 번 더 의미를 되새겨 보세요.

1부 나와 부모 • 一

父生我身 母鞠我身

腹以懷我 乳以哺我

以衣溫我 以食飽我

恩高如天 德厚似地

勿登高樹 父母憂之

勿泳深淵 父母念之

勿與人鬪 父母不安

父母責之 反省勿怨

追遠報本 祭祀必誠

非有先祖 我身曷生

爲人子者 曷不爲孝

欲報其恩 昊天罔極

身體髮膚 受之父母

不敢毁傷 孝之始也

晨必先起 必盥必漱

昏定晨省 冬溫夏凊

父母有疾 憂而謀瘳

對案不食 思得良饌

雪裏求筍 孟宗之孝

剖冰得鯉 王祥之孝

父母無衣 勿思我衣

父母無食 勿思我食

衣服帶靴 勿失勿裂

父母愛之 喜而勿忘

父母呼我 唯而趨進

父母使我 勿逆勿怠

父母有命 俯首敬聽

坐命坐聽 立命立聽

膝前勿坐 親面勿仰

侍坐親前 勿踞勿臥

須勿放笑 亦勿高聲

侍坐父母 勿怒責人

獻物父母 跪而進之

與我飮食 跪而受之

衣服雖惡 與之必着

飮食雖厭 與之必食

室堂有塵 常必灑掃

勿立門中 勿坐房中

行勿慢步 坐勿倚身

口勿雜談 手勿雜戲

器有飮食 不與勿食

父母衣服 勿踰勿踐

出入門戶 開閉必恭

父母出入 每必起立

出必告之 反必面之

愼勿遠遊 遊必有方

事必稟行 無敢自專

一欺父母 其罪如山

事親如此 可謂孝矣

不能如此 禽獸無異

3부 나와 가족

兄弟姊妹 同氣而生

兄友弟恭 不敢怨怒

骨肉雖分 本生一氣

形體雖異 素受一血

比之於木 同根異枝

比之於水 同源異流

兄弟有善 必譽于外

兄弟有失 隱而勿揚

我有歡樂 兄弟亦樂

我有憂患 兄弟亦憂

兄弟有難 悶而思救

兄能如此 弟亦效之

兄弟怡怡 行則雁行

寢則連衾 食則同牀

兄雖責我 莫敢抗怒

弟雖有過 須勿聲責

兄無衣服 弟必獻之

弟無飮食 兄必與之

一杯之水 必分而飮

一粒之食 必分而食

分毋求多 有無相通

私其衣食 夷狄之徒

雖有他親 豈若兄弟

兄弟和睦 父母喜之

夫婦之倫 二姓之合

內外有別 相敬如賓

夫道和義 婦德柔順

夫唱婦隨 家道成矣

4부 나와 친구

人之在世 不可無友

以文會友 以友輔仁

友其正人 我亦自正

從遊邪人 我亦自邪

蓬生麻中 不扶自直

白沙在泥 不染自汚

近墨者黑 近朱者赤

居必擇隣 就必有德

擇而交之 有所補益

不擇而交 反有害矣

朋友有過 忠告善導

人無責友 易陷不義

面讚我善 諂諛之人

面責我過 剛直之人

言而不信 非直之友

悅人讚者 百事皆僞

見善從之 知過必改

厭人責者 其行無進

5부 나와 이웃

事師如親 必恭必敬

先生施敎 弟子是則

能孝能悌 莫非師恩

能知能行 總是師功

年長以倍 父以事之

十年以長 兄以事之

長者慈幼 幼者敬長

長者之前 進退必恭

我敬人親 人敬我親

我敬人兄 人敬我兄

賓客來訪 接待必誠

賓客不來 門戶寂寞

貧窮困厄 親戚相救

婚姻死喪 隣保相助

德業相勸 過失相規

禮俗相交 患難相恤

6부 나를 살리는 공부

修身齊家 治國之本

讀書勤儉 起家之本

忠信慈祥 溫良恭儉

人之德行 謙讓爲上

我身能賢 譽及父母

我身不賢 辱及父母

人倫之中 忠孝爲本

孝當竭力 忠則盡命

非禮勿視 非禮勿聽

非禮勿言 非禮勿動

始習文字 字畫楷正

書冊狼藉 每必整頓

夙興夜寐 勿懶讀書

勤勉工夫 父母悅之

學優則仕 爲國盡忠

敬信節用 愛民如子

7부 일상의 실천

足容必重 手容必恭

目容必端 口容必止

聲容必靜 頭容必直

氣容必肅 立容必德

色容必莊 是曰九容

視必思明 聽必思聰

色必思溫 貌必思恭

言必思忠 事必思敬

疑必思問 忿必思難

見得思義 是曰九思

8부 좋은 삶

元亨利貞 天道之常

仁義禮智 人性之綱

君爲臣綱 父爲子綱

夫爲婦綱 是謂三綱

父子有親 君臣有義

夫婦有別 長幼有序

朋友有信 是謂五倫

人所以貴 以其倫綱

行必正直 言則信實

容貌端正 衣冠整齊

居處必恭 步履安詳

作事謀始 出言顧行

常德固持 然諾重應

飮食愼節 言語恭遜

莫談他短 靡恃己長

己所不欲 勿施於人

積善之家 必有餘慶

不善之家 必有餘殃

損人利己 終是自害

禍福無門 惟人所召

嗟嗟小子 敬受此書

非我言耄 惟聖之謨